国宝有画说

汉画像石里的生活

周凡舒　编绘

河南美术出版社

·郑州·

图书在版编目（CIP）数据

汉画像石里的生活 / 周凡舒编绘 . — 郑州：河南美术出
版社，2021.11（2024.4 重印）

（国宝有画说）

ISBN 978-7-5401-5617-6

Ⅰ . ①汉… Ⅱ . ①周… Ⅲ . ①画像石 – 研究 – 中国 – 汉
代 Ⅳ . ① K879.424

中国版本图书馆 CIP 数据核字（2021）第 208329 号

国宝有画说
汉画像石里的生活
周凡舒 编绘

出 版 人	王广照
责任编辑	董慧敏
责任校对	王淑娟
学术顾问	朱存明
资料提供	岳 凯
装帧设计	周凡舒
出版发行	河南美术出版社
地　　址	郑州市郑东新区祥盛街 27 号
电　　话	（0371）65788152
邮政编码	450000
印　　刷	河南博雅彩印有限公司
开　　本	889mm×1194mm 16 开
印　　张	6.5
字　　数	162.5 千字
版　　次	2021 年 11 月第 1 版
印　　次	2024 年 4 月第 2 次印刷
书　　号	ISBN 978-7-5401-5617-6
定　　价	88.00 元

序言

　　我有幸率先阅读了《汉画像石里的生活》一书，这是一本把汉画通俗化的优秀之作，最适合儿童阅读。作者周凡舒运用自己奇妙的画笔给我们描绘了汉代人的生活场景，呈现了她心中的"绣像的汉代史"，在此向凡舒表示祝贺。

　　中华文明源远流长，丰富多彩，汉文化是其主要部分之一。作为国宝的汉画，真实、具体、生动地描绘了汉代人的生活场景。但是，由于年代久远，汉画图像模糊，不易被现代儿童所理解。该书根据真实的汉画图像，结合文字的记载，运用绘本的形式将其复原，这对儿童认识真实的汉代生活极有意义。绘本把黑白的拓片转化成了彩绘的动漫图像，提高了汉画的艺术性与感染力，形成了充满儿童趣味的新形象。

　　通过对国宝通俗化的艺术重构来对儿童进行审美教育，在儿童幼小的心灵里注入民族传统文化的基因，是一件极有意义的工作。希望作者在民族文化图像的通俗传播方面做出更大的成绩，也希望小读者看完这本书，真的可以走进博物馆，找一找书中的画像石，让国宝真正成为人生的宝藏。

朱存明

（江苏师范大学文学院教授，中国汉画学会副会长）

目录

我们热情好客!

欢迎来到汉朝做客

美味的食物从哪里来

我们勤劳智慧！

爱美之心人人皆有

方便的交通工具有哪些

汉朝为何如此强大

我去参加宴会啦！

欢迎来到汉朝做客

两千多年前的汉朝，是历史上最为强大鼎盛的朝代之一。两汉共享国四百余年，创造了辉煌灿烂的文明。汉朝人热情好客、勤劳聪慧，生活非常讲究。想知道他们过着怎样精彩的生活吗？那就快来跟我一起到汉朝做客吧！

马上到啦，快跟上我！

汉画像石

迎宾待客图（图版水平翻转）江苏铜山洪楼祠堂出土

迎接我们的客人

今天来了好多朋友。

"有朋自远方来，不亦乐乎？"热情好客的汉朝人，会出门迎接客人，然后以宴饮舞乐招待。

终于到啦！

好久不见。

凭几
píng jī

古代辅助型家具，用来倚靠身体。

我们的待客之道

好香!

庖厨饮宴图　江苏睢宁张圩出土

这是汉代的一个大户人家举办家宴的场景。上格宴饮区中男
女主人公身后有侍者伺候；中格是随行人员，一个捧食侍者路过；
下格是庖厨区，厨师们正在为此次家宴忙碌着。

箸
zhù

箸，又称筷子。
古时没有个人吃饭用的碗，
饭盛于竹器中，大家以手抓
食，不用箸。箸主要用来分
餐、夹菜肴。

蒸煮

庖厨图（局部）

汉代厨房中的饮食文化

好香啊！

汉朝食材丰富。多余的肉类腌制后风干，便于保存，类似于我们今天的腊肉。

汉朝食物的烹饪主要以蒸煮、烧烤为主，而炒菜到宋朝才在民间普及。

漏箭
1 刻度 ≈ 14.4 分钟，
共 100 刻度。

青铜漏

汉代厨房用的计时器。
在漏水壶里装满水，水
流出的同时漏箭随水位
下降，箭上的刻度便代
表时间。

漏水壶

青铜漏
江西海昏侯汉墓
出土

山东临沂吴白庄汉墓出土

庖厨图（局部）
江苏徐州汉画像石艺术馆藏

烧烤

庖厨饮宴图（局部） 江苏睢宁张圩出土

古代多把厨房设在正堂之东，因此又称厨房为"东厨"。汉画像石庖厨图中，多为蒸煮食物的画面。

他们在做什么——蒸煮

栝 tiǎn

拨火棍。

甑 zèng

底部有很多小孔，放在鬲上蒸食物。

鬲 lì

形状像鼎，足部中空。

鼎 dǐng

古代烹煮东西用的器物，一般是圆形，三足两耳，也有方形四足的。

轱 gū 辘 lu 井

利用滑轮提水。

汽柱甑

底部凸出空心圆筒,高度约占器腹的1/2,与小口釜配套使用。

船形灶

由于炉灶普及,甗、鬲等三足器逐渐被替代。

小口釜

蒸汽经由空心圆筒喷涌入甑,形成高压蒸汽流,使食物加速蒸熟。

甗 yǎn

甑鬲合体。
上下两层,中间有小孔,相当于现在的蒸锅。

演化而来,
代锅的前身。

高压锅

电蒸锅

我们每天用的蒸锅和高压锅,是不是还能看到当年厨具的影子?

又 = "炙"

汉代烧烤有多美味

烧烤,古代称为"燔炙(fán zhì)"。燔,为近火;炙,为远火。

辁辘转一转,清水自然来。

汲 jí 水

扇子,又称"便面"。烤肉时举扇子扇火,有时也用扇子来遮面。

箑 shà

30℃ → 70℃

串 chǎn

烤肉工具,两个分叉可使烤肉生熟度不一样。

微翘

燔 fán 器

各种烤炉,其四角微翘,防止肉串滑落;底部有轮,便于移动;有四个铺首衔环,便于吊起。

庖厨图(局部) 江苏徐州汉画像石艺术馆藏

汉画像石里的生活

自在的一人份。

神话传说中的西王母也爱吃烧烤。

从汉画像石图像上可以看烧烤的不同吃

张骞
qiān

西汉外交家，丝绸之路的开拓者。他从西域带来了很多美味，丰富了古人的餐桌。

浪漫的两人份。

葡萄

核桃

石榴

大葱

蒜

黄瓜

我的钓鱼技术又精进了哟！

那我们今天有口福啦！

脍
kuài

切得很细的鱼或肉。生鱼片被称为"鱼脍"。

脍炙人口
kuài zhì rén kǒu

脍和炙都是人们爱吃的食物。脍炙人口指美味人人都爱吃，后来比喻好的诗文或事物受到人们的称赞。

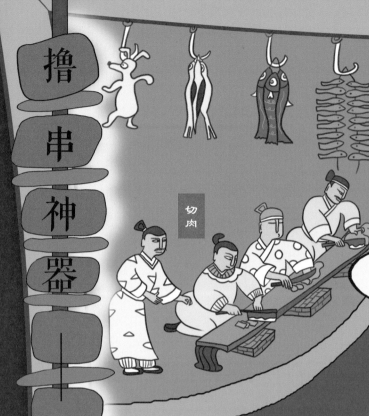

撸串神器——烤蝉炉

切肉

脱毛

我们的组合是不是可以称为"沉鱼落雁"？

当时除了鸡、鸭、鹌鹑、鱼、虾、牛、羊、猪这些常规食材可以烤着吃，还有什么特殊的食材呢？

燔炙

烤炉四角翘起，防止肉串滑落。

东汉绿釉陶烤炉
陕西历史博物馆藏

我想回家。

代已经开始
单，这种习
一直延续到
在。

虽然食材丰富，但是当时
还没有孜然和辣椒，所以烤串
的味道和我们现在吃的会有些
不同。然而当时葱、姜、盐、
豆豉、芥末、花椒等比较常见。

明代时由美洲
传入。

唐代时自西
域传入。

孜然　辣椒

令人垂涎的各种饮品

古代的酒不同于我们现在的高度酒。因为当时酿造时间短，加上酿造技术还处于初级阶段，所以酒精含量并不高，味甜似饮料，可大量饮用，因此当时有很多豪饮者。

我们居"C位"！

谷物酒

用粮食酿造，称米酒。

丰富的美食怎么能少了饮品的搭配？汉代造酒技术成熟，酒的种类日益增多，人们有了冬喝热、夏饮凉的意识。当时以谷物酒为主，还有花、果或中药的配制酒，以及奶酒等。酒在汉代礼仪形成的过程中，可是扮演了非常重要的角色呢！

果酒

用水果酿制成的酒，其中甘蔗酒在汉代很有名，又称"金浆"。

杨梅酒　梨子酒　山楂酒　石榴酒　荔枝酒　桃酒　葡萄酒　甘蔗酒

耳杯　勺斗

尊 zūn 汉代盛酒器。

"斗"字最初指勺子，"酌"字的本义是倒酒、喝酒。由原意引申为客人倒酒要小心得当，后引申为"斟酌（zhēn zhuó）"一词。

好香啊！

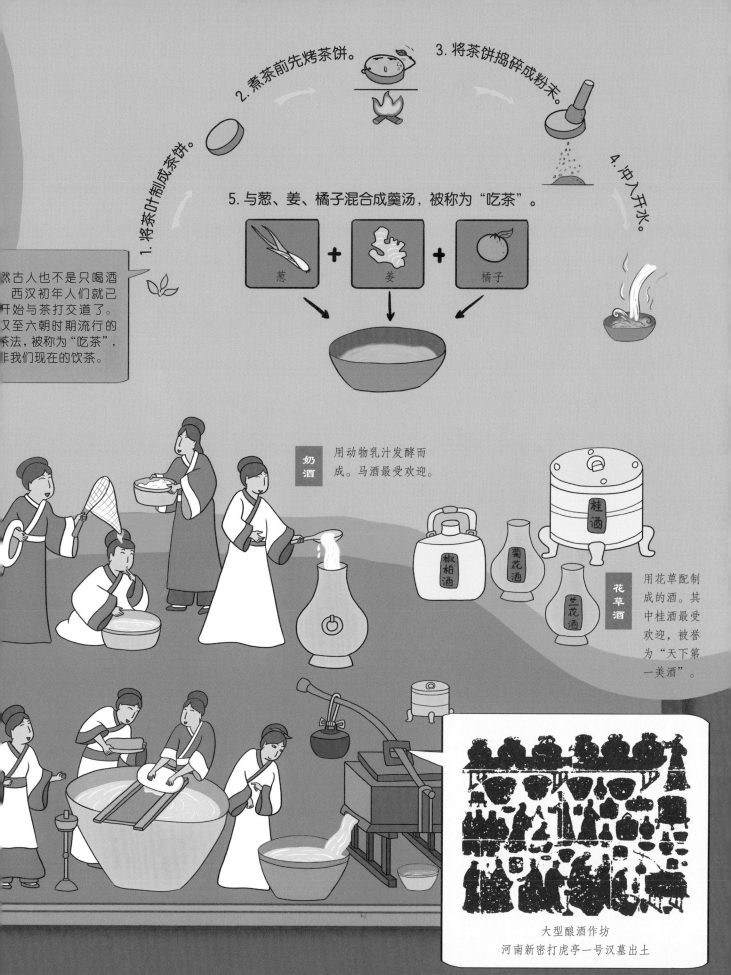

2. 煮茶前先烤茶饼。

3. 将茶饼捣碎成粉末。

1. 将茶叶制成茶饼。

4. 冲入开水。

5. 与葱、姜、橘子混合成羹汤，被称为"吃茶"。

葱 + 姜 + 橘子

然古人也不是只喝酒了。西汉初年人们就已开始与茶打交道了。又至六朝时期流行的茶法，被称为"吃茶"，非我们现在的饮茶。

奶酒 用动物乳汁发酵而成。马酒最受欢迎。

椒柏酒
菊花酒
兰花酒
桂酒

花草酒 用花草配制成的酒。其中桂酒最受欢迎，被誉为"天下第一美酒"。

大型酿酒作坊
河南新密打虎亭一号汉墓出土

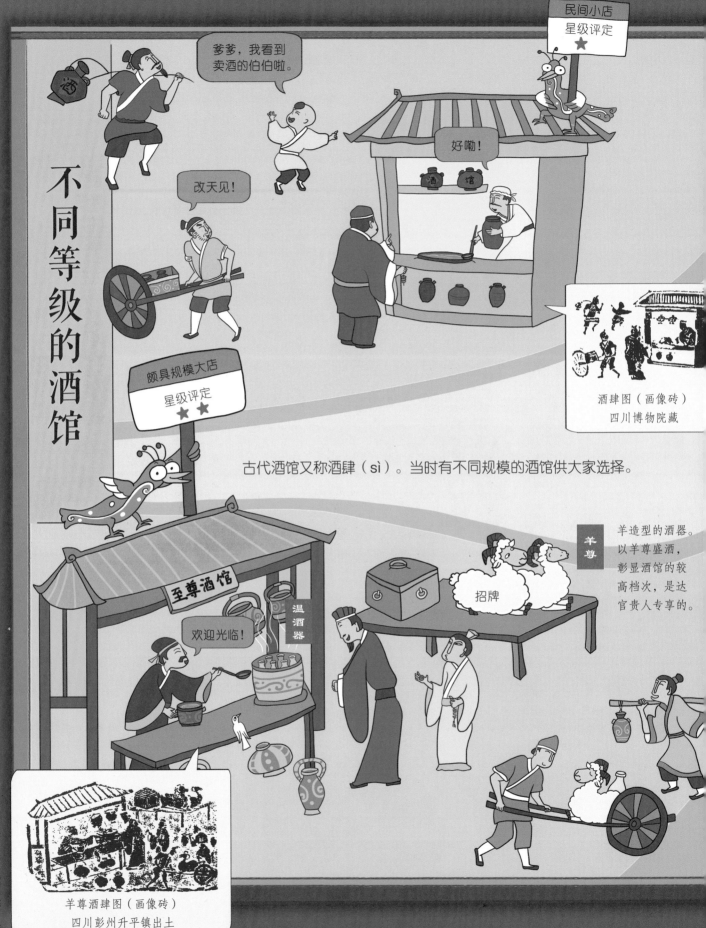

不同等级的酒馆

民间小店
星级评定
★

爹爹，我看到卖酒的伯伯啦。

好嘞！

改天见！

酒肆图（画像砖）
四川博物院藏

颇具规模大店
星级评定
★★

古代酒馆又称酒肆（sì）。当时有不同规模的酒馆供大家选择。

羊尊　羊造型的酒器。以羊尊盛酒，彰显酒馆的较高档次，是达官贵人专享的。

至尊酒馆

欢迎光临！

温酒器

招牌

羊尊酒肆图（画像砖）
四川彭州升平镇出土

至尊豪华大酒店

星级评定
★ ★ ★

酒肆图
江苏铜山利国汉墓出土

迎宾乐舞图（画像砖）
河南南阳唐河出土

汉代宴饮中的歌舞助兴

盘舞

跳舞时用七个盘子，又称"盘舞"。舞者脚下有踏鼓者轻盈地在盘子上跳来跳

盘舞图（图版水平翻转）
山东济南历城区黄台山出土

　　客人正在赶来的路上，热情好客的主人已在楼上一边观看乐舞，一边等待客人到来。汉画像石呈现的舞蹈种类繁多，有盘舞、长袖舞、巴人舞、建鼓舞、傩舞、武舞等。

还有哪些
舞蹈呢

傩 nuó 舞

一种化装舞蹈，起源于"方相氏打鬼"的传说。

长袖舞

一种源于楚国的舞蹈，是汉代最常见的舞蹈，通常有音乐伴奏。

武舞

武舞是我国一项独具特色的运动。
它既可以训练技击技术，又能起到锻炼身体、增强体质的作用。
汉画像石中，主要有长戟对短刀、长矛对长戟、空手取白刃等武术表演形式，表现了刀、枪、戟、戈、矛、盾几种兵器的使用情况。

建鼓舞

一种击鼓而舞的传统舞蹈。

习武图（局部）
江苏徐州十里铺出土

空手取白刃

空手取白刃是汉代技击中的绝技。
图中左边武士披盔戴甲，横刺对方；右边武士将环首刀和钩镶放置一旁，脱掉甲衣，转腰躲闪。

"八音" 是什么

我国最早的乐器可都是按照制造材料分类的哟！

金类

编钟

古代用青铜等制成，如钟、镈一类打击乐器。

石类

编磬 qìng

一般用石、玉制成，因大小厚薄不同，打击时会发出高低不同的音。

土类

埙 xūn

用陶土制成，可当饮器，又可作乐器，如缶、埙一类乐器。

竹类

篪 chí

箫 xiāo

用竹子制作，如篪、箫、笛等乐器。

木类

敔 yǔ

柷 zhù

指木制乐器，如敔、柷等。

革类

建鼓

鼗 tāo

用野兽皮革制成，鼗鼓，又称拨浪。

乐舞百戏图（局部）
山东沂南北寨村汉墓出土

编钟

编磬 qìng

汉画像石里的生活

丝类

琴 qín

筑 zhù

琴弦多用丝制成，如琴、筑、瑟、筝、琵琶等。

匏 páo 类

竽 yú

笙 shēng

将葫芦科植物的果实晒干后制作而成，如竽、笙等乐器。

汉代不仅有轻音伴唱，大合唱也非常流行哟！

建鼓

为大家送些饮品解解渴。

瑟 sè

铙 náo

箎

萧

竽

鼙 pí 鼓

埙

舞剑弄瓶

跳丸

精彩的杂技表演

搞笑演员

室内小型演出

小型乐舞（画像砖）
河南省新野樊集出土

杂技，古代又称"百戏"，历史悠久。汉代的杂技项目已经非常丰富了，且不少延续至今。汉画像石上展示的杂技多数在家庭的院落或客厅中表演的。

尊上倒立
河南南阳宛城区气孔桥出土

宴饮观技图（画像砖）
四川大邑安仁镇出土

室外大型演出

搞笑演员

叠案

又称"五案"，表演者在案上倒立，如现代杂技中的柔术。

弄瓶

又称"踢弄"。

吐火

以管喷火。

跳丸飞剑

目前世界上能抛九丸的人不多，在汉代，不仅已有能跳九丸的，还有丸、剑同掷的。

跳丸

先秦时称为"弄丸"，表演者双手连续抛接球。跳丸来源于古罗马。

类似于现代杂技中的走钢丝。汉代还没有钢丝，当时用的是绳子，绳子比钢丝软，所以难度更大。绳索下方竖着刀剑，使惊险程度增加。

雀戏

小型化装表演。

鱼龙曼延
yán

马
术

前者站在马鞍（ān）上，挥舞长刀和羽葆（bǎo）；后者手拿戟（jǐ）倒立在马背上。

哇！各种身怀绝技的人

我的**技艺**最高超！

额上
缘橦
tóng

"橦"即长竿。
额上缘橦属于高竿表演，先秦时期已经出现。

百戏图

杂技历史悠久，为古代娱乐形式之一。

站得高就是好！

走索 表演者在绳子上行走。

好厉害的舞台效果！

滚球 表演者在球上行走或倒立。

冲狭 xiá 又称"钻圈"，有不同材质的圈，如火圈、刀圈等，以增加难度。

旋 xuán 盘 用小棍支起盘子，使盘子在空中旋转。

幻术 由西域传来，表演者手上发出电光之状。

双腿弯曲过头顶

单手倒立

高空双手倒立

腾空翻下

总会仙倡 汉代宫廷大型综合性歌舞百戏演出。融歌舞、杂技、幻术于一体，有布景、烟雾等配合。常用来招待外宾，可见节目的精彩。

百戏图（局部）江苏铜山洪楼出土

车橦 tóng

杂技图（局部）江苏邳州陆井乡庞口村汉墓出土

我的**力量**最大！

缘
橦

一根橦上可以爬上9名演员，
像群猿攀木。

难度最大的当数车橦，就是要在
奔驰的马车上表演。
想知道在车上是怎么表演的吗？
那就请打开拉页吧……

面具

快来加入我们吧！

傩
nuó
舞

汉代舞者喜欢头戴动物造型的面具或化装成某种动物，配合简单的剧情进行表演，这可以说是现代戏剧的萌芽。

汉代人的化装舞会

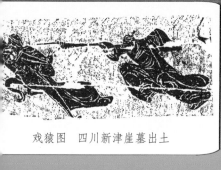

戏猿图 四川新津崖墓出土

豹戏

鱼龙曼延

由人装扮成巨鱼和巨龙表演，是今天我们舞龙、舞狮的前身呢！

豹戏图

山东沂南北寨村汉墓出土

雀戏图

山东沂南北寨村汉墓出土

雀戏

舞百戏图（局部）（图版水平翻转）

山东沂南北寨村汉墓出土

参与互动的博弈游戏

六博棋

六博棋是古代棋戏的一种，盛行于春秋战国时期和秦汉时期。东汉时，编写有类似游戏攻略的《博经》，可惜早已失传。所以，当时真正的玩法现在已经不知道了。

客人又来啦！

和朋友一起聚会，除了观看歌舞、杂技表演，还有下棋、投壶等其他娱乐项目。

博戏是一种智力竞技游戏，下棋好的人是非常受人尊敬的。

六博乐舞图
江苏沛县古泗水出土

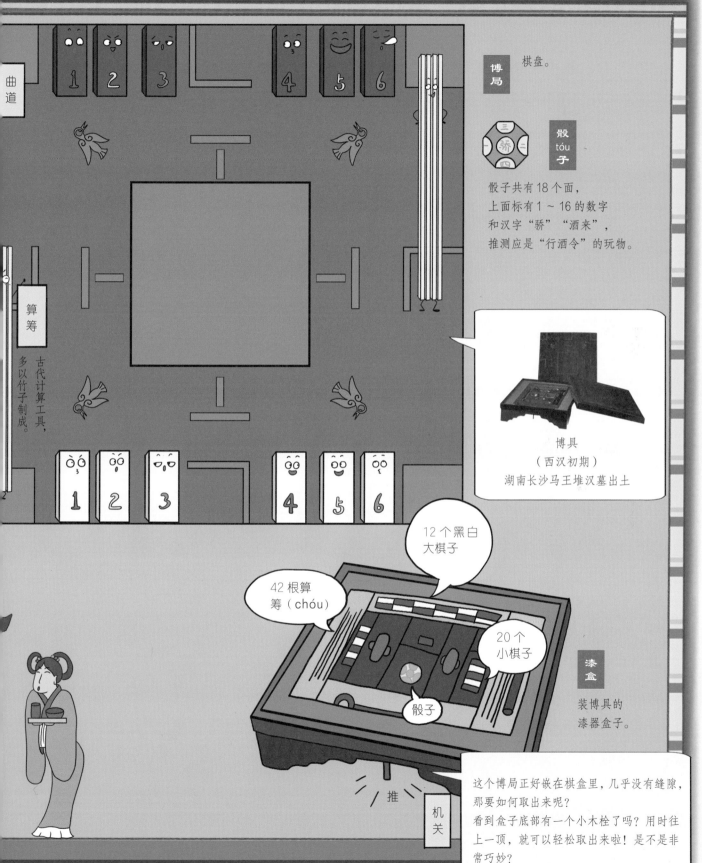

曲道

算筹
古代计算工具，多以竹子制成。

博局 棋盘。

三 骄 四
骰 tóu 子
骰子共有18个面，上面标有1～16的数字和汉字"骄""酒来"，推测应是"行酒令"的玩物。

博具
（西汉初期）
湖南长沙马王堆汉墓出土

12个黑白大棋子

42根算筹（chóu）

20个小棋子

骰子

漆盒
装博具的漆器盒子。

推

机关

这个博局正好嵌在棋盒里，几乎没有缝隙，那要如何取出来呢？
看到盒子底部有一个小木栓了吗？用时往上一顶，就可以轻松取出来啦！是不是非常巧妙？

还可以玩什么呢

胜败乃兵家常事！
我很开心！
哈哈哈！

六博棋

我又输了！

蹴 cù 鞠 jū

类似于现代的足球运动。

投壶

六博图
江苏邳州陆井乡庞口村汉墓出土

汉画像石里的生活

打瞌睡的拥彗
河南南阳汉墓出土

拥彗
hui

抱持扫帚的人。
除了打扫卫生，
在迎候贵宾时，
常拥彗以示敬意。

小朋友们，不知道在之前的篇章里，
你们有没有发现那个总爱打瞌睡的
我。我只是在没有工作的时候休息
一下，不要因为我爱打瞌睡就觉得
生活在汉代的我们爱偷懒哟！

生产劳动与宴饮乐舞构建出天下太平的繁华景象，这些都源于我们背后的努力。不信？那就让我带你们去看看吧！

神农，山东嘉祥武氏祠画像石（武梁祠西壁），此为《金石索》所印之木刻摹本。

美味的食物从哪里来

我们刚在宴会上见到的食物，是经过很多工序才到我们的餐桌上的！

民以食为天，自古以来，种植粮食都是国家大事。

想知道当时的人们是如何种植粮食的吗？他们和我们现在吃的有什么不一样吗？让我们通过汉画像艺术世界，一起走进汉代了解吧！

神农氏因宜教田，辟土种谷，以振万民。

我们一定要珍惜粮食哟！

三足乌 神话传说中三条腿的乌鸦，以孝顺出名，是专门为西王母寻找仙草的祥鸟。

粒粒皆辛苦哇！

耜 sì

牛耕的出现

从早到晚一直忙，才走了这一点儿，再不抓紧就要耽误收成了。

在古代，牛乃农耕之本，是影响国家强盛的重要因素之一，它的地位是非常高的。

犁梢 (shāo

犁床 (ch

哪怕是很多人一起耕地，效率也很低，直到有一个人提议：可以用牛耕替代人力。

或许可以让牛儿来帮忙！

好主意！

《汉律》明确规定，不可宰杀青壮耕牛，若随便屠杀，可是要受到法律制裁的哟！

人们发明了 犁

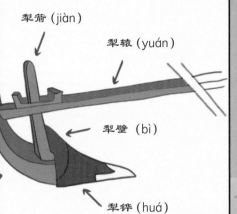

犁箭（jiàn）

犁辕（yuán）

犁壁（bì）

犁铧（huá）

调节犁箭和犁辕的角度，可以控制犁地的深浅。

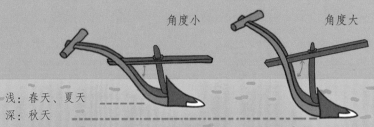

角度小

角度大

浅：春天、夏天
深：秋天

春秋时期便已出现牛耕，但直到西汉时期才开始普及。牛耕在当时属于比较先进的耕作方式。

这是自带播种功能的最新款呢！

好方便的工具哇！我也好想拥有！

肩上的担子又重了！

我要把最好的都刻上。

牛耕图被刻画在石头上，是当时一个家庭可以拥有犁这种先进的生产工具的一种炫耀，也代表了这个家庭的富裕程度。

美味的食物从哪里来

田野耕作图

肥料

播种

送饭

锄草

犁地

禾苗

汉代画像石中牛耕种类大致可分为四种

耧（lóu）车

1.一牛拉犁，一人扶犁。

田野耕作图（图版水平翻转）
中国国家博物馆藏

牛环技术

3.两牛抬杠，一人在前牵牛，一人扶犁。

杠杆

2.两牛抬杠，一人扶犁。

牛耕的推广，大大提高了农业生产的效率，促进了社会生产力的发展。画像石上刻画了普通的一家四口，他们过着日出而作、日入而息、凿井而饮、耕田而食的幸福生活，忙碌且充实。

4.一牛一马抬杠，一人扶犁。

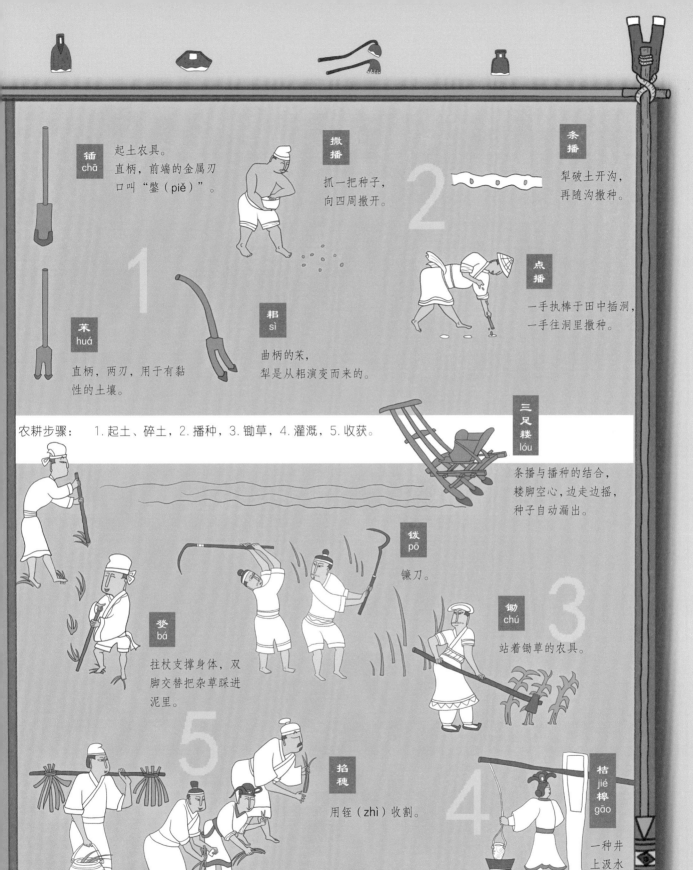

锸 chā
起土农具。
直柄，前端的金属刃口叫"鐅（piě）"。

撒播
抓一把种子，向四周撒开。

条播
犁破土开沟，再随沟撒种。

点播
一手执棒于田中插洞，一手往洞里撒种。

耒 huá
直柄，两刃，用于有黏性的土壤。

耜 sì
曲柄的耒，犁是从耜演变而来的。

农耕步骤：　1.起土、碎土，2.播种，3.锄草，4.灌溉，5.收获。

三足耧 lóu
条播与播种的结合，耧脚空心，边走边摇，种子自动漏出。

拨 pō
镰刀。

锄 chú
站着锄草的农具。

茇 bá
拄杖支撑身体，双脚交替把杂草踩进泥里。

掐穗
用铚（zhì）收割。

桔槔 jié gāo
一种井上汲水的工具。

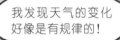

汉代农事说明书

为了提高粮食产量，除发明更新、更高效的农具以外，有个好天气也是必不可少的。

我发现天气的变化好像是有规律的！

务农装备最新款

我们牛牛工作时也需要防晒防雨！

你还是少做梦、多做事吧！

名称：笠（lì）
功能：防晒、防雨

名称：蓑（suō）
功能：防雨

名称：耜（sì）
功能：破土

汉画像石里的生活

早在春秋战国时期，我国百姓就有了日南至、日北至的概念。后经由东汉尚书崔寔模仿古时月令著成农业著作《四民月令》。

崔寔
shí

危险！

好的！

吃饭啦！

硕大的谷穗下垂，丰收在望。

谷秆
gǎn

田间小景　河南南阳邢营出土

每日劳作的百姓，根据经验总结出天气变化的规律。在两多年前的汉代，已经确立了包含沿用至今的二十四节气的《四民月令》。《四民月令》类似于我们今天的日历。

二十四节气歌

春雨惊春清谷天，夏满芒夏暑相连，

秋处露秋寒霜降，冬雪雪冬小大寒。

每月两节不变更，最多相差一两天，

上半年来六、廿一，下半年是八、廿三。

百姓们根据这本"农事教科书"，把一年的农事安排得井井有条，粮食产量越来越高。

种子

小朋友们，
跟着一起唱吧！

播种图　四川博物院藏

春	立春 2 月 3~5 日	雨水 2 月 18~20 日	惊蛰 3 月 5~7 日
	春分 3 月 20~22 日	清明 4 月 4~6 日	谷雨 4 月 19~21 日
夏	立夏 5 月 5~7 日	小满 5 月 20~22 日	芒种 6 月 5~7 日
	夏至 6 月 21~22 日	小暑 7 月 6~8 日	大暑 7 月 22~24 日
秋	立秋 8 月 7~9 日	处暑 8 月 22~24 日	白露 9 月 7~9 日
	秋分 9 月 22~24 日	寒露 10 月 8~9 日	霜降 10 月 23~24 日
冬	立冬 11 月 7~8 日	小雪 11 月 22~23 日	大雪 12 月 6~8 日
	冬至 12 月 21~23 日	小寒 1 月 5~7 日	大寒 1 月 20~21 日

收获的季节

春天辛苦劳作，到了秋天便有了回报。舂（chōng）稻谷，舂出来的壳是糠（kāng），剩下的米粒就是我们吃的米。

脱壳工具的演变

杵臼

最古老的脱壳用具，通常是石臼和木杵。

践碓 jiàn duì

足踏杠杆以举碓，使工作效率得以提高。

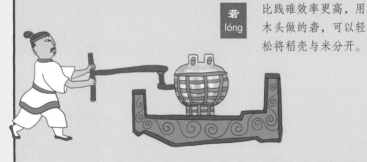

砻 lóng

比践碓效率更高，用木头做的砻，可以轻松将稻壳与米分开。

水碓

利用水流～
木轮，带
臼舂米，
最高。

汉画像石里的生活

去秕 bǐ

糠（kāng）

脱粒工具的演变

春米图　江苏徐州贾汪出土

簸 bò 萁 ji

最简单的去秕工具。

汉代将手举杵改为足踏杠杆，汉画像石展现的就是当时最先进的脱壳工具。

扬 yáng 扇

需要两人配合，效率比用簸箕高。

扇车

利用气流把谷壳吹到机器外，饱满的谷物直接流到下方的出料口。

碓与扇车

两者搭配使用，效率翻倍，减少劳动力。

谷物如何变成食物

我是稻谷！　我是小麦！

从麦子到面粉的变身开始啦！

1 把成熟的谷物丢到石臼（jiù）中。

除秕（bǐ）

2 用碓不停地捶打谷物，使包裹谷物的外壳脱落。

脚踏碓（duì）在汉代已经普遍应用。举起碓，落下时砸在石臼中，去掉稻谷的皮，再用飏扇扇去皮，得到精米。

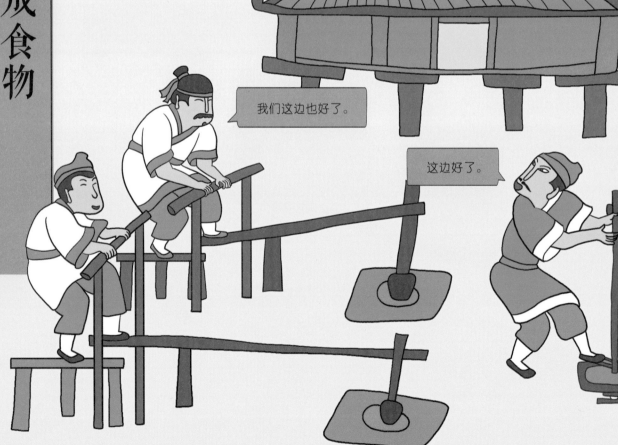

汉画像石里的生活

52

3 用飏扇去掉外壳（糠）与粗劣的米。

变身成功啦！

 我是大米！

 我是麦粒！

春米图
四川成都双流牧马山汉墓出土

随着磨的出现及广泛运用，秦汉时期迎来了面食时代。

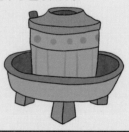

粮食产量越来越高，吃不完的谷物要如何保存呢？

饼 饼，是古人对面食的统称。当时的叫法和现在大家所熟知的名称有些不一样。实际上，汉代的面饼吃起来非常硬，类似于今天西安泡馍里的饼。

饼

现代叫法：饺子
古代叫法：娇耳

现代叫法：包子
古代叫法：馒头

现代叫法：面条
古代叫法：汤面片

汉代富余的食材如何保存

谷物产量增加，便需要把更多的粮食存储起来，称为贮（zhù）粮。

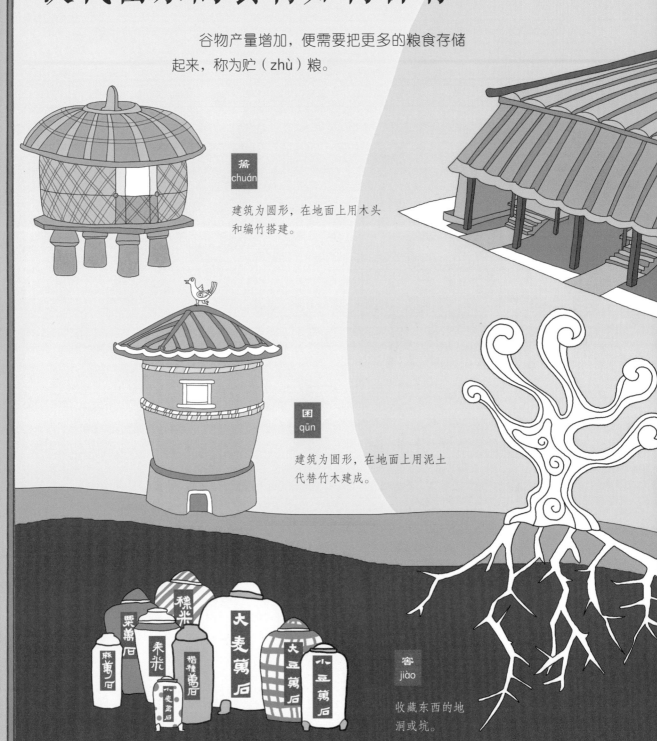

篅
chuán

建筑为圆形，在地面上用木头和编竹搭建。

囷
qūn

建筑为圆形，在地面上用泥土代替竹木建成。

窖
jiào

收藏东西的地洞或坑。

仓 cāng

建筑为方形，
用于储存未舂之谷。
地板上的气孔与仓顶上的气窗均可通
风，形成对流，可以有效防潮。

图为廪的侧面。储米时
通过楼梯登上平台，从
上部小门向里倒米，出
米口在下层大门。

廪 lǐn

建筑为方形，
用于储存已舂之米。
精米比未舂的原粮价格高，所以
尽管廪比仓小，但更考究，一般
设 2～3 个高气窗用于通风。

现在我们用更方便的冰箱来贮存食物。

汉代丰富的 食材从哪里来

古代非常流行狩猎，并专门驯化出一种猎犬。

毕

获取食物的方法有很多，我正在用"毕"打猎。

古代百姓吃肉主要靠狩猎，这样不仅能一饱口福，还能锻炼身体。他们一年四季都要打猎，后来打猎逐渐成为上层贵族的一种消遣活动。

捕鸟图（图片水平翻转）
陕西米脂官庄出土

新鲜的牛奶每天都有。

马牛羊群图（局部）　陕西榆林横山区孙家园子出土

采莲图（画像砖）
四川德阳出土

猎鹿图（画像砖） 河南新郑出土

骑猎

骑马射箭，猎取体形较大的动物。

不要！

马儿，我们打猎去！

很早就有的环保意识

汉代围猎非常流行，但人们对大自然的索取是十分克制的。

禁止破坏有鸟或有鸟蛋的鸟巢

禁止杀害对人或农作物无害的蛇虫

所有四足类动物以及家畜幼时不许猎杀

汉平帝公元 5 年

摘译自《使者和中所督察诏书四时月令五十条》

我们也被法律保护啦！

保护大自然从现在开始

四时月令诏条

尊重自然

护尸又寸匕见

我们的家再也不会
被强拆啦！

太好啦！

畜牧业、放牧

汲水

树下喂马图（图版水平翻转）
江苏睢宁张圩出土

早期人类在长期狩猎的劳动实践中，为了补充食物，将一些幼小的野生动物带回家中饲养，逐渐发现有一些动物可以驯化成家畜，从而出现了原始畜牧业。

金乌　金乌代表太阳。

好的，儿子。注意安全！

亲爱的爹娘，我去放牧了。

还要带它们出门遛弯儿。它们和我们一样，不仅要吃好睡好，还要多运动，这样才能健康快乐地成长。

放牧图（画像石镜像）　陕西绥德城关镇县城门外西山寺出土

爹，娘，我带回来一些新朋友。

汉画像石里的生活

月亮 蟾蜍代表月亮。

爱美之心人人皆有

看那些盛装出席的人，他们的服饰是多么精美，他们的妆容是多么精致，都是花费很多心思打扮的。

随着生活水平的提高，吃饱穿暖已经不再是人们的追求了。人们不仅要吃得好，还要穿得美美的。汉代的纺织业已经相当发达，男耕女织是当时的人们最理想的生活模式。

纺车

骨针 → 原始腰机 → 脚踏织机 → 提花机

织机的发展

美丽的布料从哪里来

古代中国就有"丝国"之称，妇女从事纺织活动极为普遍。这些纺织品不仅供家人使用，多余的还可以拿到市场去交易。

汉画像石中纺织图的出现，补充了史书对纺织操作记载的不足，展现出两千多年前世界上最先进的织布机的样式。

这是我们最新款的脚踏织机。纺织业让百姓们过上了富裕的生活，丝绸是我们进出口贸易的主要物品之一。

丝织品，统称为帛（bó）或缯（zēng）。

纺织图（局部）
江苏铜山洪楼祠堂出土

哇！漂亮的服饰

纺织品原材料

丝　　棉花　　苎（zhù）麻　　大麻

纺织准备工具

籆（yuè），
一种缠丝工具。

调丝

络纬

整经

纺织

直裾 jū

曲裾

仅重 48 克

西汉素纱单衣
湖南长沙马王堆汉墓出土

靴子

丝履

草鞋

有了绑带，我们终于不会走丢了！

能否看出我们的衣服有什么区别？

袜

腰带

腰带扣

手套

女生的衣服绕身上的圈数比男生多。

每天都要美美哒

侍女图（图版水平翻转）
河南南阳石桥汉墓出土

我把最美好的祝福都写在脸上了哟！

这首《城中谣》讽刺了跟风追求潮流的不良社会风气。

博香炉

汉代妇女以梳高髻为美，有童谣唱道："城中好高髻，四方高一尺。"

但要梳出这么"高大上"的发型，只用自己的头发肯定是不够的，所以在当时高髻几乎都是由假发梳理出来的。

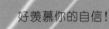
镜子光明如日月 它的质地清脆刚硬 用它照视你的

好羡慕你的自信！

再高点，再高点！

持镜照容图　山东嘉祥宋山祠堂藏

假发

城中好高髻，四方高一尺。城中好广眉，四方且半额。城中好大袖，四方全匹帛。

铜镜

汉代是铜镜发展的鼎盛时期。铜镜风格上承战国，下启唐代。西汉时期铜镜上开始出现铭文。

正面　　　　背面

孔子像漆衣镜（复原）
江西南昌海昏侯汉墓出土

谁还不是个精致女孩儿？

彩绘双层九子漆奁
湖南省博物馆藏

化妆盒里的小秘密

爱美之心，人皆有之。
今天就给大家看看生活在两千多年前的
我们的化妆盒里会装些什么吧！

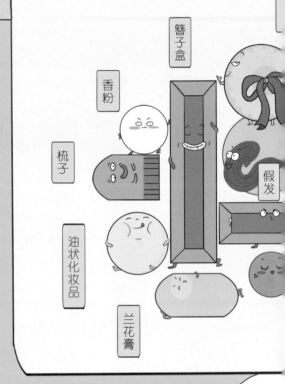

簪子盒

香粉

梳子

油状化妆品

兰花膏

假发

花草纹
四川成都羊子山出土

早上好！

捧奁侍女图
河南南阳石桥汉墓出土

花卉
江苏徐州铜山
黄山汉墓出土

生活中的花草
仅是制作香料的原料
还是染布或制作胭脂
的染料。

汉画像石中出
的一些不知名的花草
是植物纹样的起点。

护肤、美发，一个都不能少哟，爱生活的我们，先从爱自己开始。

粉扑

惊不惊喜，意不意外？
盒子里面还有盒子！

梳妆用具

小康之家图
江苏徐州贾汪区青山泉散存

手工业带来了富裕生活

我们通过劳动，终于有了自己的马车，可以全家一起出去旅游了。

在汉代，一个普通的家庭可以通过纺织这一副业增加家庭收入，从而过上富裕的生活。既可以在家欣赏歌舞，又能外出旅游。

在家欣赏歌舞。

家庭游乐与纺织图
江苏邳州占城白山汉墓出土

全家外出旅游。

造车与酿酒
山东嘉祥洪山村出土

方便的交通工具有哪些

还有参加宴会用的马车，乃至我们的每一项便利生活，其实背后都凝聚了设计者的大量心血。

在汉代，车辆的种类已经很多了。造车也有分工，其中制作车轮的技术性要求最高。让我们一起看看汉画像石中到底有哪些不同型号的车辆吧。

执金吾

走在车马前面的骑吏，是负责治安的官员。

当卢
江西南昌海昏侯汉墓出土

这是马客上的镂金物，起到饰作用，样多蕴含好寓意。

铜当卢

当卢像现在的车标吗？

现代

现 -1234

铜印
江西南昌海昏侯汉墓出土

汉代『有车一族』

这是一枚"海"字铜印，为地名缩写，在汉代用于马匹的管理。汉代常把自己区域的地名烙在自己管辖的马的屁股上，这类似于我们今天的车牌号。

铜印

羊车和鹿车
山东济宁喻屯镇城南张村出土

其他车型

鹿车

羊车

马车的替代品——牛车

马车不仅是交通运输工具，还是权力、地位、财富的象征。汉画像石中那些浩浩荡荡的车马的图案，都是当时社会生活的真实写照。

西汉时期

穷

西汉时期，马匹用于征战，人们不得不乘坐牛车。

文景之治

富裕生活

时尚代表

东汉时期

经历了"文景之治"，国家慢慢富裕起来。到了东汉时期，人们追求舒适，乘坐牛车成为一种时尚。

汉代车型很多，具体还有哪些种类，让我们去看看吧！

汉代车展入口处

不同功能的车

辇车 jú
属于大车，
用于装载货物。

辒车 cháo
一种攻城战车，
上面有辘辘可升降，可
以登高观察敌人虚实。

独轮车
一个轮子的车。

辇车 niǎn
人力挽车，
宫中妃嫔
所用。

斧车 fǔ
千石以上
官吏所乘
车，形制与轺车相同
无盖，车厢中间树立
象征有生杀大权。

辒车 ér
古代载运棺枢的车子，
有盖，呈鳖甲的半圆拱形，
用牛或众多人力挽拉。

牛车
除马车以外，牛车也是一种交通工具。

车厢两旁有竖直的屏板，人坐车中，仅露冠顶。

四维轺车

供 200 石官吏使用，车盖与车厢间有四条飘带。

饰耳轺yáo车

车厢上增加一对挡泥板，称为车耳。单耳涂朱红色，为 600 ～ 1000 石官吏所乘车；双耳涂朱红色，是 2000 石官吏所乘车。

轺车

供一般官吏使用。车辆小而轻，四面没有遮挡，车顶伞盖可拆卸。

等级较高，专供贵族妇女乘坐。车厢上加帷幔，两侧开窗。

迎候制度

执笏hù

笏，也叫手板，是古代官员朝会时所执的一块狭长板子。
上面写有姓名、官职、致礼等，交予门吏，由他通报主人，以示敬意。

抱盾dùn

一般为亭长，负责治安与迎送入境官吏。

拥彗huì

把道路扫干净，等候贵宾。

方便的交通工具有哪些

车骑制度——卤簿（lǔ bù）

秦汉时期的车骑制度被称为"卤簿"。

车马出行图　江苏铜山茅村出土

导车

主车前面的马车称为导车，主车后面的马车称为属车。

欢迎！欢迎！

伍佰

车马出行队列中走在最前面的兵，被
称为"伍佰"。伍佰人数的多少，要
根据主人官阶的大小而定。

几

车队会准备方便
登车的"石"或
"几"。

是伍佰后面的开道者，他们手中常常
棨戟（qǐ jǐ）——一种仪仗专用的木
器。还有佩戴弓韣（dú）的骑吏。

高桥马鞍

东汉时期出现了高桥马鞍：马鞍两端
翘起，防止骑手身体前后滑动，使其
更加稳定。
马腿上拴着羁绊（jī bàn），主要用
来限制马的行动。

汉朝为何如此强大

我们现在的安逸，是源于祖国的强大，国家强则百姓生活安逸。

两汉绵延四百多年，我们今天说的"汉族""汉字"都与这个朝代有关。它承前启后，奠定了华夏民族的文化秩序和精神底蕴。

武器的锻造

汉代时，铁器被广泛使用。

为了加强风压，提高炉温，汉代的人们不断改进鼓风设备，以提高生产效率。

原料：

木炭　　　矿石

橐

铁水

橐 tuó
古代鼓风吹火器。一人推拉使皮橐胀缩，一人卧着将橐推回原位。

坩 gān 埚 guō
熔化金属或其他物的器皿，多为耐热陶土或白金材质。

推

鼓风区

铁 jiá
长柄钳。

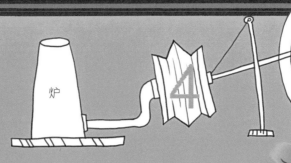

竖炉

因为坩埚难以满足大量生产的需求，西汉时期人们发明了竖炉，这成为汉代冶铁业上规模发展的标志。

水排

于东汉初年发明。使用水排能提高冶铁效率。

炉

熔铁炉

采用"换热式"预热鼓风装置，利用熔炉余热来加强风压，是冶铁史上的一次飞跃。

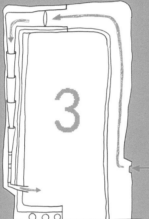

风

加工区

检验区

冶铁锻器图　山东滕州宏道院出土

强悍矫健的汉子

汉代非常重视徒手相搏，这是军队挑选武士猛将的重要手段，是阳刚与英雄的象征。

角 jué 抵 dǐ 古代两人相抵较量气的游戏，类似于今天摔跤。秦汉时期，角抵活动非常盛行。

持剑执盾

徒手搏虎

倒拔杨柳

七力士图
江苏铜山洪楼祠堂出土

擘 bò 张弩 nǔ 双臂拉开，有效射程80米左右。

汉弩以"石（dàn）"作为计算强度的单位。一石相当于30公斤重物之力，十石劲弩的射程可达600米以上。

掰 bāi 手腕

汉代就有了这种比臂力和腕力的游戏。

执尾背牛

双手举鼎

抱犊 dú

执壶

蹶 jué 张弩

脚踏拉开，射程大于臂张弩。

腰引弩

自腰部以绳钩弦张弓，强度远大于前两种弩。

弩

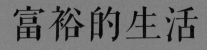

富裕的生活

羊

羊自古就是吉祥的象征。

这是来自两千多年前的造型艺术，由此展出的生活真实具体而生动。

仓房

有通气孔的仓房，用于储存粮食。

鸠杖

七十岁以上的老者才可拥有。汉代非常重视孝道，把赡养老人放在首位。

吊脚楼

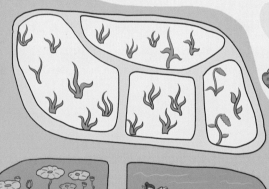

舂米

汉代虽然以农业为本，但若没有手工业和商业的支撑，社会经济是无法发展的。历史证明，越是富裕的地区，人们越懂得这个道理。

天府殷实图 四川成都曾家包东汉墓出土

附录——汉画小课堂

孝

拓

书中的画像石片，就是从一块石头上拓印来的拓片。

汉画像艺术起初是为了装饰建筑，后来慢慢被赋予了吉祥的内涵与仪式。它不仅是位综合性的"选手"，还是汉代生活的一面镜子。

唯汉人石刻，气魄深沉雄大。汉画像的图案美妙绝伦，不能让这么好的艺术被埋没了，我要创办"创作木刻班"。

鲁迅　著名文学家、思想家。

在纸还没有普及之前，绘画一直依附于某种物品上。后来，随着东汉时期的蔡伦改进了造纸技术，纸张普及，才开始有了纸本拓印。

但早期的石刻拓片多是拓印石碑上的书法，对图像则不重视。真正重视汉代画像艺术的先行者是鲁迅。